RÉFLEXIONS D'UN PAYSAN

Messieurs les Députés.

RÉFLEXIONS

D'UN PAYSAN

A Messieurs les Députés,

PAR M. JULES DOURIN.

COMMERCY,

IMPRIMERIE DE CH. CABASSE.

DÉCEMBRE MDCCCLXIV.

Quand ieusse pu prendre quelque aultre
forme plus honorable et meilleure , i ne
l'eusse pas faict.

(Montesquieu. *Lettre à Mme Duras.*)

RÉFLEXIONS D'UN PAYSAN

Il y a quelque temps, Messieurs, nous chantions avec plaisir un *De Profundis*, bien lugubre et bien sombre. Ce fut lorsqu'arriva la clôture de votre bien-aimée chambre législative : nous avions pu vous apprécier encore une fois, nous savions ce qu'étaient devenues toutes vos brillantes et pompeuses promesses ; encore une fois nous vous avions vus, non pas comme la montagne du bonhomme La Fontaine accoucher d'une souris, mais bien nous doter de déboire, de turpitude et de déshonneur ! c'était, du reste, tout ce que nous pouvions espérer sous le règne de la félonie, de la trahison : sous enfin le ministre du transfuge de Gand, de cet homme assez audacieux, assez taré, pour oser faire l'apologie de son infâme conduite et de son anglomanie éhontée.

Vraiment, en voyant ce caméléon au pouvoir, ne pouvions-nous donc pas dire avec le *Siècle,* qu'il semblerait, à lire l'histoire contemporaine, que le parjure soit un des priviléges que la royauté s'est montrée jalouse de conserver partout.

De nouveau, MM. les députés, vous allez reprendre ce que vous appelez emphatiquement vos travaux, tourner les batteries de votre éloquence contre quelques pauvres animaux que vous dénationaliserez de par votre autorité quand même. Peut-être allez-vous de nouveau flétrir des hommes honorables que des électeurs plus éclairés que vous, renverront avec de nouveaux mandats. Peut-être enfin aurez-vous de vieux et braves militaires à désavouer, à porter la main sur quelque belle et noble création.

Si cependant, malgré toutes nos prévisions, vous ne vouliez plus être les soutiens bénévoles et intéressés de lord Guizot, comme dit mon *Charivari;* si vous ne vouliez plus lui venir en aide, dans les tentatives criminelles qu'il fait pour reconstruire pierre par pierre, l'édifice de la restauration, cet édifice qui a été démantelé par le canon de feu juillet; si vous ne vouliez plus (chose qui m'étonnerait d'une manière étrange), car dans notre siècle de positivisme, vous êtes presque tous régis par cette maxime : laissez faire, laissez aller, ou plutôt par cette autre maxime étroite de l'égoïsme moderne : chacun pour soi et non selon son droit); si donc vous ne vouliez plus être pâles, vils, rampans, vénals et insatiables, à genoux devant un ministère qui a avili notre patrie ; si avec nous vous vouliez dire :

> Maudit trois fois le traître , à la honte éclatante,
> Qui spécule sur le danger ;
> Celui dont l'infamie a placé son attente
> Dans les armes de l'étranger !
>
> (S. Ruéal.)

Alors , Messieurs , je vous prierai humblement de vouloir bien vous occuper un tant soit peu de nous , de nous donner enfin cette réforme électorale que depuis 1830 on nous a promise et que l'on ne se presse guère de nous accorder.

Vous conviendrez , messieurs les députés, que notre position à tous deux est bien étrange : depuis 14 ans vous m'avez proclamé *Souverain !* que ce mot ne vous alarme point, car je ne viens vous demander ni dotation, ni apanage, ni porter une ordonnance de dissolution, ni sanctionner la loi sur la légion d'honneur : je ne viens point non plus vous demander l'embastillement d'une nouvelle Barcelone , ou l'autorisation de faire payer à la postérité le nom d'un traître ; enfin je ne viens pas protester légitimement contre des projets anti-nationaux tel que le droit de visite et autres. Je ne viens pas non plus m'enquérir de tous ces millions que vous nous ar-rachez chaque jour, et ne veux pas faire rendre gorge aux déprédateurs du trésor public (s'il en existe) ! non certes ; car je suis instruit d'avance de toutes vos réponses : il faut solder les appointemens des nobles et nombreux chefs dont nous a gratifié la noble révolution de juillet ; embastiller Paris, Lyon ; venir en aide à ce pauvre cher homme de Pritchard ; payer la canonnade de Mogador et de Tanger ; gorger d'or une foule d'individus ; et ces messieurs sont-ils de prompte digestion et de grand appétit ; par exemple, M......, de mémoire sans tache, me ferait observer que les singes (je parle de ceux du jardin des plantes) s'ennuyaient dans leurs loges, et qu'il était de notre dignité nationale de leur construire une espèce de palais où ils fussent plus à leur aise, et autour duquel les bonnes d'enfans et les badauds pussent s'extasier devant leurs tours de passe-passe et leurs *jeux innocens*, chose ma foi très-utile aux provinciaux qui n'iront jamais à Paris ; n'importe, j'alloue cette dépense si M...... me confesse qu'il a été honorablement défrayé ; et franchement, je voudrais pour le bien de nos bourses et de nos affaires, qu'on eût fait la cage plus grande et qu'on y eût enfermé tous les singes et guenons du royaume.

Mais venons au fait : Vous avez en 1830, lorsque certains d'entre vous ont mangé les marrons que j'avais tiré du feu, consacré le principe de la souveraineté du peuple : Qu'entendiez-vous par là ?

L'Académie, assez largement rétribuée pour savoir

ce qu'elle dit, ce qu'elle fait, définit la souveraineté, l'autorité suprême. Le peuple a donc l'autorité suprême. Or, savez-vous en quoi vous la faites consister? dans le droit de porter les plus lourds fardeaux. S'il en devait être ainsi, vous auriez bien mieux fait de la garder pour vous, et sur l'honneur, je vous aurais cédé ma part sans rétribution aucune. Soyez moins prodigues d'encens, ne nous imposez pas de titres honorables, quand vous nous traitez en bêtes de somme. Pour marque de notre royauté, au lieu du diadème sur le front, ne nous mettez pas un mors dans la bouche; au lieu du manteau de pourpre, ne nous jetez pas l'ignoble bât sur nos épaules.

Je ne vous demande ni un hommage hypocrite, ni des protestations perfides et mensongères; mais je réclame les droits inhérens à ma qualité de souverain; car je fais partie du peuple et je dois participer à ses prérogatives.

Or, jusqu'ici vous avez agi sans me consulter. Des hommes, se prétendant mes élus, ont changé une constitution que je ne leur avais pas donné ordre de changer. Je désirerais bien savoir pourquoi. Vous m'opposerez, sans doute, quelques délibérations de la chambre des députés : députés de qui? qui les a nommés? Je ne pense pas que ce soit le peuple. Je respecte la chambre en nom collectif; quelques-uns de ses membres se distinguent par leurs lumières, leur désintéressement et leur zèle pour le bien de la patrie; mais il en est un grand nombre à qui le peuple n'eut jamais confié ses intérêts, s'il avait été appelé à les élire.

Mais, messieurs du pouvoir, je suppose que vous travaillez avec bonne foi. S'il en est ainsi, vous restituerez à la nation les droits que la constitution de 1789 lui avait garantis, que Louis XVI lui avait accordés. Je ne demande rien que de juste, la chose du monde la plus naturelle ; je demande que le représenté puisse choisir son représentant, le mandant son mandataire, que le peuple puisse donner ses pouvoirs aux personnes dignes de sa confiance, qu'il sache ce que l'on fait pour lui, si l'on exécute ses ordres ; en un mot, je demande les assemblées primaires, le vote universel, ou si vous aimez mieux, la réforme électorale.

J'ai à peine prononcé ce mot, que vous vous mettez en colère. Mais, mon Dieu! écoutez-moi donc plutôt avec ce calme plat que vous possédez si bien dans vos assemblées.

Qu'êtes-vous, messieurs du pouvoir ? les chefs du gouvernement. Qu'est-ce qu'un gouvernement ? c'est l'autorité *légitime* qui administre les affaires d'un peuple, d'une grande famille. Qu'est-ce qu'une autorité légitime ? c'est celle qui émane de ceux qui avaient le droit de la conférer. Or, il est bien évident qu'elle ne peut émaner que de Dieu et des hommes. Vous ne prétendez pas être les élus de Dieu, vous n'invoquez pas le droit divin, et vous avez parfaitement raison. Vous ne pourrez donc invoquer qu'un droit émanant des hommes.

Les hommes vous ont-ils nommés ? Vous ne les avez pas même appelés à vous élire ; vous n'êtes donc pas les élus des hommes ; vous n'êtes pas non plus les élus de Dieu ; de qui donc êtes-vous les élus ?

Vous me parlez de votre loi électorale ; et qui la faite cette loi ? des privilégiés. Des privilégiés ont fait cette loi qui met hors du droit commun, l'immense majorité des citoyens, qui crée des catégories, qui élève l'or au-dessus de la probité, la délicatesse du patriotisme, et légitime ainsi tous les moyens d'en acquérir.

D'après vos calculs, la France comptait en 1831, de quatorze à quinze millions de citoyens. A peine avait-elle 80 à 100,000 électeurs. Quatre-vingts ou 100,000 privilégiés se permirent donc à cette époque, d'usurper les droits de quatorze millions neuf cent mille Français. En supposant encore que tous les électeurs aient déposé leurs bulletins dans l'urne, que tous les suffrages aient été unanimes, ce qui n'est pas, car il y eut une forte opposition ; plusieurs même, épouvantés d'un serment dont ils ne comprenaient pas l'obligation, qu'ils croyaient contraire à leur conscience, désertèrent les champs électoraux.

De telles élections étaient-elles l'ouvrage du peuple ? De quel droit ces privilégiés prétendaient-ils repousser l'immense majorité de leurs concitoyens ? Et c'est cependant en vertu de ce simulacre d'élection que vous avez fait votre loi. Est-ce conforme aux principes de la souveraineté d'un peuple ? les électeurs formeraient donc à eux seuls le peuple, et les autres millions de Français seraient des ilotes dans la société ; eh bien, soit ! nous le voulons bien, MM. les électeurs ; mais alors, à vous les impôts, à vous les charges, puisque vous dites : à nous les honneurs, à nous les richesses, à nous les jouissances.

Mais direz-vous : nous avons baissé le cens ; c'est-à-dire que vous avez augmenté le nombre de nos maîtres, car l'électeur ayant en ses mains l'autorité législative, peut, en déterminant le mandat de ses élus, leur prescrire les lois les plus tyranniques contre le peuple. Ce n'était certes pas un plus grand nombre de privilégiés que la nation demandait, mais bien l'abolition des priviléges. Et qu'avez-vous fait ? vous appelez environ 150,000 censitaires aux élections, et vous rejetez environ 14,900,000 citoyens, c'est-à-dire que vous placez cent et quelques Français sous la tutelle d'un électeur ; or, je vous le demande, peut-il raisonnablement en être ainsi ? Je le comprendrais, si le peuple avait délégué ses pouvoirs aux électeurs. La garde nationale, cette belle invention, maintenant à l'apogée de sa gloire, nomme ses officiers, ses capitaines ; elle doit obéir aux chefs qu'elle s'est donnée elle-même ; mais ce n'est pas nous qui nommons les électeurs : de quel droit prétendent-ils donc nous imposer leur choix ? de quel droit se prétendent-ils nos supérieurs ? Sont-ils donc d'une autre nature ? Je ne le pense pas.

Je vous l'ai déjà dit, messieurs, tout pouvoir émane de Dieu ou des hommes. Celui des électeurs viendrait-il de Dieu ? Mais comment la volonté divine s'est-elle manifestée ? Quel est l'oracle qui a parlé en sa faveur ?

Viendrait-il des hommes ? Mais quand est-ce que les hommes le leur ont conféré ? Quel est le traité intervenu entre eux ? Il vient de la charte, me direz-vous. Mais qui l'a faite, cette charte, toujours inviolable et toujours inviolée ? Les électeurs, par l'organe de leurs mandataires ; c'est-à-dire que les électeurs font les députés, et les députés font les électeurs. Cette parade burlesque ne ressemble pas mal à celle de certains animaux de la fable, qui, prenant tour à tour l'encensoir, s'encensaient tour à tour.

Je conçois très-bien que, dans la charte de 1814, Louis XVIII, pour asseoir son gouvernement sur une forte aristocratie, n'ait appelé aux élections que les grands propriétaires. Il croyait tenir son droit de lui-même, et s'estimait propriétaire de la France et de ses habitans ; il invoquait à la fois le droit divin et le droit de conquête, qu'il faisait remonter à l'établissement des Francs dans les Gaules, et il ne douta jamais qu'il n'eut fait un grand acte de munificence royale, en octroyant cette charte bizarre, qui, reposant sur les élémens les plus disparates, n'assura ni les droits du peuple, ni le trône des rois contre les orages de la tempête et des commotions sociales.

1.

Mais en 1830, il n'en était pas ainsi ; le peuple avait reconquis la liberté au prix de son sang, il ne dépendait plus que de lui-même, il pouvait asseoir la société sur une nouvelle constitution, lui seul avait le droit d'en fixer les bases, il fut assez sot pour ne pas le faire. Alors se présentèrent à lui des hommes qui, pendant quinze ans, avaient protesté de leur dévouement à sa cause, qui lui firent les promesses les plus sacrées, et, pour en perpétuer le souvenir, affichèrent sur tous les murs de la capitale : « La cause de la liberté a triomphé pour jamais ; les citoyens de Paris l'ont reconquise par leur courage, comme leurs pères l'avaient fondée. Plus de barrière entre nous et les droits qui nous manquent encore ; les vertus sont dans toutes les classes, toutes les classes ont les mêmes droits ; ces droits sont assurés pour toujours, etc. »

C'est sur la foi de ces promesses que le peuple les laissa faire : ont-ils tenu leur parole ? Examinons :

On nous avait promis de la gloire, et on a sacrifié l'honneur nationale à une paix honteuse, et la France humiliée n'ose pas lever devant l'étranger, son front couvert d'opprobre ; devant cet étranger, accoutumé à fuir devant nos drapeaux ; on avait promis de soulager nos misères, et chaque jour le fardeau augmente ; on nous avait promis la liberté de la presse, et on la restreint par des lois que tous les hommes de cœur appellent les lois de septembre. La charte, cette vérité, promet l'égalité, et on étend les priviléges. On nous avait promis la réforme électorale, et l'on interdit à quiconque ne paie pas 200 francs d'impôts, de nommer ses représentans, et l'on abandonne 14 ou 15 millions de citoyens à l'arbitraire de 150,000 électeurs. Jadis du moins, réunissant nos forces, nous pouvions opposer une résistance légitime aux tentatives de ceux qui voulaient usurper nos libertés ; et par des lois contre les associations, on nous a livrés à la merci du premier venu qui voudra nous asservir.

Avant la révolution de 89, nous n'avions pour ainsi dire qu'un seigneur par village, et vous nous en avez donné un dans chaque électeur. Autrefois nous avions une aristocratie odieuse, et vous l'avez remplacée par une aristocratie plus odieuse encore !

L'aristocratie de naissance pouvait du moins invoquer certains prestiges, certains antécédens ; mais celle d'aujourd'hui.... Silence !

Pendant 15 années de la restauration, vous nous avez menacés du retour de cette caste, contre laquelle vous nous aviez inspiré tant de haine. Nous avons ajouté foi à vos paroles ; puis, un jour, la voix formidable du peuple, de ce souverain dont aujourd'hui vous méprisez la souveraineté, se fit entendre dans les rues de Paris, et vous avez été élevés au souverain pouvoir. Que nous avez-vous donné ? une aristocratie plus orgueilleuse encore. Qu'a-t-elle fait pour la nation, cette nouvelle aristocratie ?

On nous avait promis l'égalité devant la loi , et ils ont fait de la justice une courtisane effrontée. Maintenant, on ne se presse plus dans son temple , pour entendre un Cicéron dénoncer un conspirateur, flétrir un infâme , défendre la vertu ; maintenant, plus de ces nobles paroles qui remuaient tous les cœurs. La justice, cette vertu si nécessaire à l'ordre social, n'est plus que le fantôme de ce qu'elle fut autrefois ; son glaive n'est plus assez fort, pour lutter et combattre contre les turpitudes et les bassesses de tous ces riches effrontés que soutiennent ses propres agens. Ses attributs ne sont plus que de brillans hochets dont un pouvoir avili dispose en faveur de tels ou tels hommes plus ou moins moraux ; la toge sert d'égide à des hommes qui sont chargés de faire respecter la loi et qui la violent eux-mêmes.

Qu'a-t-elle encore fait pour la nation , votre nouvelle aristocratie ?

Elle a démoralisé la société en élevant la soif de l'or au-dessus de tous les sentimens honorables , au-dessus de la vertu et d'une vie sans reproche.

Aujourd'hui, en effet, que faut-il pour être électeur ? être honnête homme ? Mais non ; il suffit de payer 200 francs d'impôt. Faut-il avoir servi fidèlement sa patrie, n'avoir rapporté de la guerre que des membres mutilés ? Non ; le traître et l'infâme banqueroutier seront électeurs s'ils paient 200 francs d'impôt. Suffit-il d'être éclairé, d'avoir, par de longues veillées et d'infatiguables travaux, procuré le bonheur à la classe malheureuse? Non; car un idiot aurait la préférence, s'il payait 200 francs d'impôt. Suffit-il d'avoir illustré les lettres par une plume éloquente, d'avoir consacré ses jours à rétablir la concorde dans la grande famille? Non; on préfère un honnête homme enrichi au détriment d'autrui, s'il paie 200 francs d'impôt. Deux cents francs d'impôt! voilà la règle inflexible, la seule qui n'admette pas d'exception, excepté les délégations fictives des Ardoin de tous pays; en un mot, si Jean Desmarets, Sully, Richelieu, Colbert, Descartes et Pascal, Bossuet, Fénélon, Montesquieu, Voltaire, Lamoignon, Buffon, Turgot, Cuvier, sortaient de leurs tombeaux, avec leur génie et leur probité, ils seraient indignement chassés des élections, s'ils ne payaient 200 francs d'impôt.

Qu'arrive-t-il de là? L'argent ayant été placé au-dessus des capacités, de toutes les vertus sociales, on ne cherche que l'argent, on ne court qu'après l'argent et l'on foule aux pieds les sentimens honorables. Lisez les annales de nos tribunaux, et vous serez effrayés du nombre des banqueroutiers qui pullulent chaque jour, des délapideurs qu'on y flétrit à tout moment (je veux dire l'opinion publique; car presque tous ces messieurs sont assez adroits pour s'arranger avec dame justice), et dans ces circonstances, ils ont soin de cacher leur fortune, de faire disparaître le gage du créancier ; ils le menacent même de tout lui ravir, s'il ne se contente d'un dividende de 10-15-20 p. %. Alors ce n'est plus le créancier qui impose la loi à son débiteur, ce n'est plus le débiteur qui baissera la tête devant celui dont il vient de ravir les épargnes ; non, le créancier est contraint de s'humilier pour arracher une faible partie de sa légitime créance ; puis, quelque temps après, le failli sera réintégré dans ses droits d'électeur ; la victime terminera sa triste carrière dans la misère et les larmes, tandis que le failli ou plutôt, car il faut tout appeler par son nom, le voleur en grand, dans son riche palais, étalera avec insolence aux yeux du public indigné, son luxe et sa richesse.

Pour se procurer de l'or, il n'est rien de sacré ; tout récemment encore, n'avons-nous pas vu l'électeur vendre son suffrage ; le député, son vote ; des magistrats, la justice ; des notaires, des receveurs particuliers et autres violer les dépôts, tromper la confiance et fuir chargés des dépouilles de leurs cliens, de leurs victimes.

Avez-vous de l'or, vous êtes un parfait homme, peu importe vos tristes et lugubres antécédens ; avez-vous de l'or, peu importe la source d'où il sort, à votre approche vous voyez le sourire sur toutes les lèvres, chacun est fier de vous presser la main, de vous admettre dans ses salons, qu'importe votre vie scandaleuse. Boileau ne l'a-t-il pas dit avant nous :

L'argent, vive l'argent ! sans lui tout est stérile ;
La vertu sans argent, est un meuble inutile.
L'argent seul au palais peut faire un magistrat ;
L'argent, en honnête homme érige un *scélérat.*

Et vraiment, toutes les vertus ne pâlissent-elles pas devant le faux brillant de la fortune !

Riches et sans honneur, je veux dire sans foi ni loi, vous êtes estimés, adulés, portés aux nues ; pauvres mais vertueux, vous êtes honnis et méprisés.

Avec de l'or, vous pouvez prétendre à tout ; avec de la probité seulement, vous êtes un paria. Voilà, messieurs, ce qui porte le dernier coup à la morale publique ; voilà ce qui invétère la corruption dans tous les cœurs. C'est là la source de notre matérialisme, triste et fatale conséquence de votre loi électorale, qui sacrifie le droit à la propriété.

Quand Louis XVI de tragique mémoire, convoqua les états généraux, il divisa le peuple en deux catégories principales ; dans la première, il comprit toutes les industries, tous les corps de métiers ; dans la seconde, il classa les agriculteurs. Par cet ordre, les diverses branches furent représentées. *

* Ne sont point compris nécessairement dans ces catégories, ceux dont les intérêts vrais ou faux se sont mis en opposition directe avec ceux de la masse, c'est-à-dire du peuple (*populus*), ceux qui répugnent à ses travaux, et

Il n'en est plus de même aujourd'hui. Il n'y a plus de représentés que ceux qui trouvent dans leur fortune, leur *industrie* des ressources suffisantes ; et la classe pauvre, laborieuse, honorable, n'a pas de voix pour défendre ses intérêts.

Franchement, est-ce bien là ce que vous nous aviez promis ? Est-ce bien là cette réforme électorale que vous nous annonciez avec tant de pompe et d'emphase ? Que sont devenues toutes vos protestations ? Qu'avons-nous gagné à tous ces changemens ? Quel a été le prix de notre sang ? Mais bon Dieu ! nous n'avons réellement combattu que pour remplacer nos anciens maîtres, par des maîtres plus injustes, plus durs et plus insatiables.

Vous nous disiez en 1830, que le peuple de Paris venait enfin d'achever l'ouvrage de ses pères, de conquérir cette liberté qu'ils avaient fondée.

Savez-vous ce que c'est d'achever un ouvrage ? c'est donner la dernière main à un ouvrage commencé ;

dont la volonté est de ne point se lier à elle, cette portion enfin (*plebs*), dont l'extrême misère, l'extrême dénûment prive de toute volonté indépendante, la misère les tenant toujours prêts à livrer leur patrie au premier ambitieux qui, en l'asservissant, promet d'améliorer le sort de ses complices ; et pour cela, comme autrefois, nous ne demandons rien. Nous pensons que c'est justice.

achever la conquête de la liberté, veut dire, en bonne logique, conquérir une liberté plus large, plus vraie que celle qu'on avait; achever en 1830, un ouvrage commencé en 1789, veut dire faire plus qu'en 1789.

Et peut-être serions-nous plus heureux si nous en étions au commencement de notre ouvrage! si nous nous étions épargné tant de peines, tant de fatigues, tant de sang! Il était bien besoin de travailler pendant 41 ans, pour obtenir moins que l'on avait! Comparez votre charte à la constitution de nos pères, et vous verrez quel pas rétrograde vous nous avez fait faire! vous verrez si nous avons achevé l'ouvrage si glorieusement commencé. Vous deviez au moins, si vous ne vouliez pas ajouter à notre liberté, nous conserver cette constitution que nous venions de reconquérir.

Mais, je vais plus loin, messieurs, brisez-la, cette constitution, abolissez votre charte, faites-nous recommencer notre ouvrage sur les bases anciennes, et nous aurons encore plus de liberté que vos lois ne nous en attribuent. Chose singulière! il faut que l'on nous accorde, c'est-à-dire qu'on nous refuse, les assemblées primaires, le vote universel, précisément ce que nous avait accordé un roi à qui nous n'avions rien à demander, et aujourd'hui que nous pourrions tout demander, comme en 1830, vous repoussez notre demande, et prétendez tenir vos droits de nous, vous qui nous déclarez souverain. Ironie sanglante et amère, car l'on voit le souverain peut-être , aux genoux de ses sujets , leur demander en vain une faible partie de l'autorité qu'il leur a confiée pour un instant.

Nous ne pouvons nous faire allusion, messieurs, l'esprit qui a présidé à votre loi électorale , ressort de tous vos discours. Vous n'avez pas voulu appeler un plus grand nombre d'électeurs , parce que vous avez voulu conserver entre vos mains un pouvoir qui menaçait de vous échapper. Tout paysan que je suis , je lis quelquefois les journaux , et j'ai encore présentes à ma mémoire , ces paroles d'un député à la chambre, le 24 février 1831.

« Nous devons fixer le cens électoral à deux cents francs ; plus bas ou plus haut , le gouvernement trouverait des ennemis. »

Mais , pourquoi le gouvernement craindrait-il des ennemis, s'il est l'expression de la majorité des Français, si ceux qui sont à la tête ne sont ou n'ont été des traîtres , si le gouvernement résume les sympathies et les vœux du peuple ? Mais , mon Dieu , si ces ennemis composaient l'immense majorité , n'auraient-ils pas le droit , la force , peut-être , de vous mettre à la porte , en vertu de cette souveraineté que vous leur avez reconnue , puis en vertu de la loi naturelle , de la loi du plus fort.

Oh ! ce n'est pas ainsi que s'exprimait le ministre d'un roi que l'assemblée constituante proclama le restaurateur de la liberté, et que l'on immola comme coupable de despotisme et de tyrannie.

« La seule cause du *tiers-état*, disait-il, aura toujours pour elle l'opinion publique, parce qu'une telle cause se trouve toujours liée aux sentimens généreux et grands, les seuls que l'on puisse manifester hautement. Le vœu du *tiers-état*, quand il est unanime, quand il est conforme aux principes généraux d'équité, s'appellera toujours le vœu national. »

Le peuple ne cesse de réclamer le vote universel. De toutes les parties de la France, s'élèvent des cris pour protester contre le monopole électoral. Les conseils généraux eux-mêmes, témoin celui de la Mayenne, demandent la révision et la réforme de la loi électorale ; c'est le vœu de la nation toute entière. Depuis la cabane du pauvre jusqu'au palais du riche, le même cri se fait entendre. Fatigués, harassés, succombant sous le poids d'une prérogative qu'ils ne peuvent plus conserver, vos privilégiés eux-mêmes ont imposé à leurs élus l'obligation de demander et de soutenir la réforme électorale. Et peut-être dans votre chambre, ne trouverez-vous pas dix députés qui n'aient reçu ce mandat. Qu'en font-ils ? Ce vœu cesserait-il d'être national, parce que vous pourriez en redouter l'effet ?

Qu'opposez-vous donc à cette demande générale, à ce cri unanime ? Vos prétextes, je crois, se réduisent à huit principaux :

1° Le peuple n'est pas assez éclairé ;

2° L'appeler aux élections, c'est ouvrir la porte aux intrigans ;

3° C'est remettre en question ce qui est jugé pour toujours ;

4° C'est compromettre le salut de tous ;

5° C'est porter le trouble dans la nation ;

6° C'est dresser les échafauds de 89 ;

7° C'est faire naître la guerre civile avec toutes ses horreurs ;

8° Enfin, selon vous, il est juste de n'appeler aux élections que les propriétaires les plus intéressés à la gloire et au bien-être de la patrie.

Examinons donc ces principales raisons, si toutefois ce sont des raisons.

1er PRÉTEXTE.

Le peuple n'est pas assez éclairé.

Qui vous a donc rendus appréciateurs de ses lumières? De quel droit vous prétendez-vous plus éclairés que lui? Serait-ce parce que vous avez étudié dans un collége? Mais nous, nous avons eu des maîtres plus savans, la nature, le cœur de l'homme, l'expérience du malheur. Nous n'avons pas, comme vous, interrogé les entrailles de la terre, sondé les abîmes de la mer, indiqué le cours des astres ; mais nous connaissons nos besoins et le remède qui convient aux maux ; nous connaissons la distance qui sépare l'homme de bien , des traîtres qui voudraient nous asservir, nous opprimer. Nous n'irons pas nous perdre dans des théories chimériques que l'imagination d'un fou aura souvent créées , mais nous présenterons la vérité des choses. Nous ne prononcerons pas à la tribune des discours éloquens , péniblement élaborés par des secrétaires habiles ; mais comme ce paysan du Danube, nous mettrons sous vos yeux le tableau fidèle de nos misères et de nos malheurs.

Messieurs, lorsque vous étiez encore tout *petits*, vous rendiez hommage à nos lumières, vous donniez de l'intelligence à nos baïonnettes , et quand , à force de ramper, de vous humilier, vous êtes parvenus au pouvoir, vous nous mettez en tutelle , sous le prétexte de notre ignorance ; vous rejetez au loin , comme indigne de vous , l'instrument de votre fortune ; vous jetez dans la boue le marche-pied de votre gloire , et, ajoutant l'insulte à l'ingratitude, vous nous dites : nous n'avons plus besoin de vous , vous êtes des ineptes.

Les dispensateurs d'instinct et d'esprit, ne sont-ils donc pas tous enfans du peuple, pourquoi alors renient-ils leur origine? Pourquoi méconnaissent-ils leurs pères? Pourquoi donnent-ils plus de capacité à l'électeur censitaire , qui ne sait souvent ni lire ni écrire, qu'au savant professeur qui les éleva? Pourquoi ont-ils applaudi au peuple et recueilli le fruit de sa victoire ? Si , en 1830 , nous avions assez de lumières pour savoir ce que nous faisions , comment , dans l'espace de treize années , quand nous avons été éclairés par le brillant flambeau de la liberté et l'éclat de leur génie , sommes-nous tout-à-coup tombés dans les ténèbres ? Ils ne reculent pas devant l'ignorance du peuple , mais devant la sévérité de son jugement , éclairé par les impostures et leurs déceptions dont il est victime.

Le peuple n'est pas assez éclairé ! et faut-il tant de lumière pour mettre une différence entre le citoyen honnête et l'ambitieux qui vous trompe ? Faut-il plus de lumière pour choisir un député sincèrement dévoué à la patrie , à la cause commune , que pour gérer ses propres affaires , persévérer constamment dans la probité et la délicatesse , se retrouver dans ce dédale de lois que vous lui avez bâclées , et où vous avez peine à vous reconnaître vous-mêmes ?

Si le peuple n'est pas assez éclairé , abolissez le code pénal, car il serait infâme de condamner un homme plus coupable d'erreur que de perversité. S'il n'est pas assez éclairé , pourquoi lui abandonnez-vous l'exploitation de vos vastes domaines , quand, par ignorance , il peut ruiner la fertilité de vos terres ? Oh ! soyez-en convaincus, il faut plus de discernement et de lumières , pour tirer d'abondantes moissons d'un sol ingrat, que pour comprendre les besoins d'une nation , quand ils crient aussi haut.

Le peuple n'est pas assez éclairé ! et c'est vous qui

le dites, vous qui depuis 14 ans, tenez les rênes de l'état, ne cessez de marcher de bévue en bévue, de lâcheté en lâcheté, vous qui n'avez pu faire cesser nos discordes et calmer la haine des partis ; la chose du monde la plus facile, en appelant le peuple à s'expliquer sur les causes de ses divisions intestines.

Encore si vous nous aviez rendus heureux, nous pourrions courber nos têtes sous l'empire de votre soi-disant génie ; mais nos misères croissent tous les jours !

Vous avez raison, le peuple n'est pas assez éclairé, car il y a longtemps qu'il aurait dû arracher de vos mains débiles, le gouvernail dont vous vous êtes em-parés ; puisque, loin de conduire le vaisseau au port, vous l'abandonnez à la tempête sur une mer orageuse et environnée d'écueils ; puisque, loin de soutenir son honneur, vous laissez fouler aux pieds l'étendard re-présentant de son honneur, partout où il devrait flotter: au mont Carmel, en Afrique, en Égypte et sur toutes les mers.

A Dieu ne plaise que je cherche à exciter le peuple à la révolte ! le premier, je lui montrerais l'exemple de la soumission, si, du reste, je ne le savais résigné avec calme et patience, à un avenir meilleur.

Le peuple n'est pas assez éclairé ! Est-ce là une raison de l'asservir et de le dépouiller ? Singulière manière de s'emparer de sa fortune, sous le prétexte qu'il n'est pas assez éclairé pour l'administrer, pour le comprendre.

Le peuple n'est pas assez éclairé ! Mais, depuis l'origine du monde jusqu'à nous, est-il une faute capitale que l'on puisse reprocher à l'ignorance du peuple, c'est-à-dire, une de ces fautes qui compromettent la sûreté des nations et révèlent leur aveuglement ? Athènes rejette à l'unanimité une chose utile, mais contraire à la justice, et Rome renvoie aux Numantins, le traître qui livrait leur ville. Menacée par toutes les forces de l'Asie, Athènes lutte avec courage et triomphe, tandis que Rome marche à grands pas à la conquête de l'univers. Heureuses ces deux républiques, si elles n'avaient abandonné l'autorité suprême à l'aristocratie de l'argent.

Le peuple romain veut choisir un des deux consuls dans son sein ; le sénat repousse cette prétention. *Le peuple l'emporte.* Croyez-vous que fier de ce triomphe, il va de suite élever un plébéien au consulat ! Non, il attendra que la patrie soit menacée et que Rome ait enfanté *Marius.*

Mais, à quoi bon chercher des exemples dans des temps si éloignés de nous ? Interrogeons nos annales, nous n'aurons pas à remonter bien haut. Louis XVI appelle le peuple à la liberté ! Sur qui la nation fixera-t-elle son choix ? Sur l'assemblée constituante, qui travailla toujours avec tant de zèle au bien de la patrie, sur cette assemblée, à qui nous devons le petit nombre de nos libertés, et dont les glorieux travaux seront écrits en lettres d'or, dans l'histoire du peuple français. Ne parlons pas d'un homme dont les cendres ne sont pas encore froides, qui fit tant pour nous, pour d'autres qui le trahirent et le renièrent au moment du danger et de l'adversité.

Eh bien ! messieurs, comparez les travaux des élus du peuple à ceux des élus de vos tristes et rapaces privilégiés.

Les finances étaient épuisées ; il fallait combler le trésor public, où tant de déprédateurs avaient puisé à pleines mains ; le peuple était encore dans l'esclavage ; il fallait briser les chaînes qui le retenaient honteusement captif ; il était malheureux, il fallait améliorer son sort ; eh bien, on supprima les redevances féodales, on créa de nouvelles ressources à l'état, et, aux malheureux, des moyens de sortir de la misère et de l'infamie, leur furent procurés.

Il y avait, au mépris de la loi divine, des seigneurs et des vassaux ; toutes les classes furent convoquées, et les hommes déclarés égaux devant la loi, comme ils le sont devant la nature.

L'église, comme aujourd'hui, menaçait d'envahir toutes les fortunes, et le clergé affichait un luxe et une insolence révoltante ; on le ramena à l'esprit de son institution ; on lui rappela ce qu'il n'aurait jamais dû oublier, que le royaume du Christ n'est pas de ce monde, et que le Fils de l'Homme n'avait pas ou reposer sa tête. Aux lettres de cachet on substitua des lois qui garantirent la liberté des citoyens. La société menaçait ruine ; on la reconstitua sur de nouvelles bases ; on fixa les rapports sociaux des hommes entre eux , et les droits du gouvernement ; on traça une ligne de démarcation infranchissable entre l'abus et l'examen d'une autorité légitime ; et ces élus qui avaient rendu à la patrie son antique splendeur , rentrèrent dans leurs foyers , pauvres et sans fortune , comme ils en étaient sortis , mais toujours vertueux.

Représentans de nos lâches privilégiés , qu'avez-vous fait pour la patrie ? Vous avez augmenté les impôts , voté des lois sur le jury, lois dont tout le monde éclairé demande la révision , aboli la liberté de la presse , trouvé la complicité morale , embastillé Paris , Lyon , créé la garde municipale , qu'on pourrait appeler d'un autre nom... Vous avez proscrit les associations qui faisaient toute notre force, vous nous avez ravi nos droits, et vous êtes rentrés dans vos foyers, gorgés d'or, et couverts de décorations, après avoir peut-être attiré sur nos têtes la hideuse banqueroute, déshonoré notre nom, et désavoué , flétri les hommes les plus honorables , les plus courageux.

Cessez donc d'accuser le peuple d'ignorance , mais plutôt étudiez son histoire, et vous verrez que , depuis les premiers siècles jusqu'à nos jours, rien de sublime, de mémorable n'a été entrepris ni exécuté sans lui ;

vous le verrez toujours donnant aux grands des exemples de modération et de justice ; vous le verrez choisir avec une sagacité merveilleuse, ce qui peut être favorable à la patrie, et rejeter avec discernement, ce qui lui serait funeste. Interrogez les annales, et vous comprendrez que, de tout temps, le peuple fut éclairé ; qu'il sut toujours comprendre ses propres intérêts, c'est-à-dire les intérêts de tous, et que la raison peut de même que pour vous, faire briller à ses yeux son éblouissant flambeau.

2ᵉ PRÉTEXTE.

Appeler le peuple aux élections, ce serait ouvrir la porte aux intrigans.

Avant tout, messieurs, permettez-moi de vous demander si les députés de la constituante étaient des intrigans ; s'ils ont fait passer sous les fourches caudines tous ces généraux et grands hommes qui avaient bien mérité ; si, comme un ministre d'aujourd'hui, traître à la patrie, à l'honneur, ils ont fait déclarer traîtres des hommes qui avaient bien mérité, qui avaient combattu loyalement et franchement ; si, dans leurs nuits d'insomnie, ils ont jamais craint que des ombres des martyrs de Waterloo, vinssent troubler leur léthargique sommeil ; s'ils ont laissé fouler aux pieds l'honneur de la nation, s'ils étaient des traîtres, des parjures, des vendus ; s'ils l'étaient, pourquoi leur décerner l'honneur du Panthéon ; s'ils ne l'étaient pas, ai-je besoin d'autres preuves pour réfuter votre allégation? Mais, je veux raisonner avec vous, entrer plus profondément dans le sujet, si, toutefois, mes faibles moyens me le permettent.

L'élection de 89, faite par le peuple, ne démontre-t-elle pas aux yeux des moins clairvoyans, que l'intrigue est impuissante auprès de lui? Mais, mon Dieu, moi qui ne suis qu'un pauvre paysan, je le crois sincèrement, et pense qu'elle le serait auprès de moi; jamais elle ne m'arracherait un suffrage qui répugnerait à ma conscience de pauvre prolétaire, qui serait contraire aux intérêts de la patrie! Oui, vraiment, et vous pouvez en rire, vous me présenteriez en vain l'appât de ce que vous appelez les honneurs! Simple et borné dans mes connaissances comme dans mon ambition, je préfère la paix de ma chaumière au tumulte de vos palais. Il est vrai que je me reconnais incapable de gérer mes propres affaires; c'est donc une raison pour ne pas m'occuper des affaires publiques; parole d'honneur! c'est tout au plus si je pourrais être non pas mauvais et partial juge de paix, mais pas même garde champêtre, cantonnier ou bedeau de ma paroisse, et je préfère encore conduire mon troupeau.

Vous prétendez, messieurs, qu'appeler le peuple aux élections, ce serait ouvrir la porte aux intrigans, et moi je prétends, au contraire, que ce serait un moyen infaillible de la leur fermer. On peut tromper quelques individus , jamais on ne trompera les masses ! Mais , l'élection populaire rendrait impuissante l'intrigue des fonctionnaires et des quasi-fonctionnaires , et voilà pourquoi on ne veut pas.

Je l'ai vue de bien près , l'intrigue de tous ces charlatans effrontés , qui disposent du pouvoir, je l'ai suivie dans ses détours , dans son inextricable dédale, j'en ai connu toutes les turpitudes et les vices infâmes , et , à leur aspect , je me suis écrié : Honte à eux!

Il faut nommer des mandataires, des députés, comme l'on dit. Tous , vous savez mieux que moi, que la nomination de ces députés devrait être , dans chaque département, l'expression du sentiment local, et jamais des intérêts individuels , encore moins des coteries de familles; enfin, qu'elle ne doit pas dépendre de la volonté d'un ministère. Cependant, qu'arrive-t-il? Dès que le moment des élections approche , le ministère indique aux préfets et sous-préfets, les hommes sur lesquels il a fixé son triste choix. Peu lui importe l'ineptie des sujets, leur ignorance, leur *impopularité* , l'autorité a parlé, il faut se soumettre.

Aussitôt, maires, adjoints , juges de paix, limiers d'élections , sont mandés au chef-lieu. Instruit des affaires de ses administrés , M. le maire fait connaître avec exactitude la position plus ou moins équivoque de chaque électeur, le but de son ambition, ce qu'il souhaite , ce qu'il redoute. Celui-ci demande depuis longues années un bureau de tabac , le médecin une justice de paix, *lui*, une place de substitut, celui-là une place de procureur du roi. Monsieur T, (initiale déguisée), pour un siége à la cour royale, vendra sa voix et celle de feu' sa famille. Promettez à M. X, (initiale également déguisée), que son fils héritera non-seulement de sa famille , mais encore du droit de dormir dans un fauteuil de juge, et il s'enrôlera, n'importe sous quelle bannière. M. B, (toujours initiale déguisée), avocat, honnête homme s'il en est, voire même s'il en fut, voudrait un chemin vicinal devant sa propriété , mais M. K, de défunte mémoire, le désire aussi ; qui des deux réussira ? tout le monde , car on promet d'exaucer les vœux de tous les fidèles. Oh ! si nous pouvions intéresser ce vil usurier, disait un certain maire , il tient dans sa dépendance près de vingt électeurs, dont les biens sont grevés de plus d'hypothèques que la valeur n'en réclame. Que demande-t-il ? Rien. N'importe , annoncez-lui de ma part, une perception ou une bourse pour son enfant. Mais il n'est pas marié. Ce sera pour quand il le sera.

Alors chacun s'élance dans l'arène , et flatte l'orgueil de celui-ci , de celui-là ; le buraliste , les buralistes à venir, les substituts *en herbe* rassemblent leurs familles , qu'ils enivrent d'un fol espoir, tandis que pour dernier coup de massue , l'usurier menace de ses poursuites tout débiteur infortuné qui refuserait sa voix au candidat ministériel. Mais il en est áuprès desquels les promesses seraient insuffisantes ; alors on leur représente pour épouvantail, le rétablissement de la dîme, ou les sans-culottes déchaînés, aller dévaster leurs fermes ou ravager leurs moissons.

Vous me demanderez, sans doute, si l'on peut promettre des places à tous les électeurs qui en désirent ; non, mais chaque arrondissement compte à peu près 150 fonctionnaires publics, qui, presque tous, sont électeurs ou parens d'électeurs ; de sorte, qu'avec l'épouvantail d'une disgrâce et l'espoir d'avancement, le gouvernement est assuré de la majorité ; car on rend les familles solidaires, et il est bien rare que le vote ne soit pas accompagné d'un avancement ou d'une destitution. Il y en a cependant d'assez fins pour prendre le juste-milieu entre deux rivaux avec lesquels il ne veut pas se brouiller ; une maladie simulée le retient chez lui le jour de l'élection ; de cette manière, il contente tous ceux qui veulent bien être contens. Qu'on dise après cela que les assemblées primaires ouvriraient la porte aux intrigans.

Aussi, qu'arrive-t-il ? Les chambres sont peuplées de budgétaires, qui vivent des sueurs du peuple, et laissent entasser impôt sur impôt. Comment, en effet, oseraient-ils rejeter un budget dont ils dévorent une partie ? Ce serait être ennemi de soi-même, et jamais on ne fera un pareil reproche à ces messieurs.

Mais , si le peuple nommait ses représentans, on aurait beau chercher à le séduire par de vaines promesses ; comme il saurait bien qu'on ne peut donner des places à tout le monde , on lui présenterait en vain cet appât.

Sans doute, il voudrait être dirigé dans son choix; mais à qui s'adresserait-il? Non pas à ceux qui ont intérêt à le tromper ; mais à ces hommes probes et délicats qu'il a toujours sous les yeux, et qui, par leurs vertus et leurs bienfaits , ont su mériter son estime et sa confiance.

C'est ce qui a lieu tous les jours dans les élections municipales, quoique la loi n'y appelle encore que d'autres privilégiés ; chose singulière ! plus on descend dans les classes inférieures de la société , je veux dire moins riches, plus on trouve de choix honorables ! Plus on s'élève , plus on rencontre d'hommes cupides et ambitieux, qui, sous le masque du patriotisme, se gorgent d'argent, d'honneurs qu'ils ne devaient pas accepter lorsqu'ils mendiaient un mandat. Pourquoi? Parce que le peuple est toujours bon juge dans ses affaires , et que plus le cercle électoral est restreint, plus l'intrigue est facile; tandis qu'au contraire, plus il est élargi, plus elle est difficile. J'avais donc raison de le dire : appeler aux élections tous les citoyens, ce serait fermer la porte aux intrigans, et non pas la leur ouvrir.

3ᵉ PRÉTEXTE.

C'est remettre en question ce qui est jugé pour toujours.

J'aime à croire, messieurs les très-honorables députés d'aujourd'hui, que ce n'est pas sérieusement que vous faites cet imprudent et incompréhensible aveu ; et, qu'y a-t-il donc de jugé ? Quand donc le peuple s'est-il prononcé ? Vous ne l'avez jamais consulté. Mais, j'admets que ce soit chose jugée ; la remettre en question, c'est supposer que le peuple ne veut pas de vous. S'il ne veut pas de vous, s'il daigne vous prévenir, car il ne prévient pas toujours, et pour preuve 93, 1830 ; la place que vous occupez ne vous appartient pas, alors que vous êtes des *usurpateurs*, et c'est justement parce qu'il ne veut pas de vous, que vous ne voulez pas le consulter, que vous ne voulez pas lui demander vos mandats. Mais ne l'avez-vous pas déclaré *souverain ?* N'est-ce pas en vertu de cette souveraineté, que vous êtes au pouvoir, et vous, lui refuserez-vous ses créatures selon vos dires : le droit de détruire son ouvrage ? De deux choses l'une, messieurs, ou il faut retirer au peuple cette souveraineté que jadis vous fûtes heureux de lui accorder, et, dans ce cas, vous devez abandonner la place ; car vous êtes des *usurpateurs*, ou le peuple est *souverain*, et, dans ce cas, vous devez le consulter. Alors, et seulement alors, quand il se sera prononcé, s'il ne veut pas de vous, vous êtes obligés de déserter la place, ou vous êtes encore, s'il vous le permet, des *usurpateurs.*

Mais mon Dieu, messieurs, détrompez-vous bien, faites son bonheur, faites respecter ses droits, ses drapeaux ; ne laissez pas insulter notre bannière en Espagne, au mont Carmel, en Égypte, à Taïti, Constantinople, et par tous nos amis les ennemis ; il ne tient pas aux *personnes*, mais il tient à la vérité des principes, il tient à ses droits, à ses libertés, à son amour-propre national. Ne le repoussez donc pas, parce que vous le redoutez ; car s'il n'eut pas voulu vous tolérer depuis longues années, il vous aurait honteusement chassés ; il est le plus fort. Il a besoin d'un gouvernement ; peu lui importe les noms de légitimiste, juste-milieu ou république, cela lui est presque indifférent ; que ce gouvernement fasse le bien, qu'il s'occupe des intérêts publics plutôt que des intérêts privés, de ceux qui le dirigent ; loin de chercher à le renverser, il sacrifiera tout pour le soutenir, pour le défendre. Retirez donc, humbles serviteurs d'un pouvoir avili, retirez donc votre imprudent aveu, et restituez à la nation, au peuple, les droits qui leur appartiennent.

4e PRÉTEXTE.

C'est compromettre la sûreté du trône.

Hommes véritablement illustres, il ne vous a pas suffi d'insulter à la nation, au peuple en l'accusant d'ignorance ; comme Bazile, vous l'outragez encore, en le calomniant, en lui supposant des intentions qu'il n'a pas et qu'il ne veut pas avoir.

Mais, si le trône, ce trône construit avec les barricades de 1850, est réellement l'ouvrage du peuple, si ce peuple a toujours respecté les engagemens qu'il a contractés, si ce trône n'a pas cessé de mériter l'amour des Français, s'il n'a jamais trahi ni voulu trahir la patrie, l'honneur, qu'a-t-il à craindre de la réforme électorale ? Si ces humbles serviteurs d'un astre qui luit, n'ont jamais trahi leurs mandats, qu'ont-ils à craindre de la réforme électorale ?

Tout borné que je suis, pas autant peut-être qu'un jeune *interdit* de mon arrondissement, ou que beaucoup de mes amis, mes ennemis, mes sangsues, tous charmans bijoux ou diamans d'une eau plus ou moins pure, j'ai lu l'histoire de beaucoup de peuples, et surtout celle du peuple français ; j'ai vu des princes, des rois, des empereurs bienfaisans ; jamais je n'ai vu le peuple ingrat. Plus le trône, c'est-à-dire le pouvoir du jour, accordait de liberté, plus le peuple lui était dévoué, plus il était sage, et je vous défie de citer un exemple du contraire. Oui, toujours le peuple a respecté ses chefs, et « jamais, a dit Montesquieu, le peuple ne se révolte contre les lois, que ses chefs n'aient commencé les premiers à les enfreindre, et, c'est sur ce principe certain, qu'à la Chine, quand il y a une sédition dans une *province*, on commence par en faire pendre le *gouverneur.* » Mais , nous refuser la réforme électorale , c'est stigmatiser nos cinquante et quelques années de révolutions , qui , tout en bouleversant la France et en la régénérant, la dotèrent d'une représentation nationale. C'est ce que vous voulez.

Croyez-moi , accordez à tous les mêmes droits , les mêmes honneurs et la même liberté , et , de cette manière , le peuple n'en sera que plus fort et mieux gouverné; le trône n'en sera que plus solide. Mais , c'est ce que vous ne voulez pas. Vous savez bien , hommes toujours loyaux , que loin d'ébranler le trône , le vote universel consoliderait ses fondemens ; vous savez bien que ce n'est pas contre le trône que le peuple exhale sa fureur , vous savez bien sur qui il dirige ses traits ; mais vous voulez mettre le trône entre vous et le peuple, pour vous en faire un rempart. Rassurez-vous, hommes de tous les pouvoirs , ce n'est pas au trône que le peuple déclare la guerre ; il en veut à ceux qui vivent de ses sueurs, à ceux qui travaillent à lui ravir ses droits, sa liberté , son honneur , et *sachez que les Césars seuls enfantèrent des Brutus.*

5e PRÉTEXTE.

C'est compromettre le repos de la nation.

Les tartufes qui tiennent ce langage , affichaient dans toutes les rues de la capitale, en 1830, quand le peuple morne et pensif , pleurait sans la regretter encore, la mort de ses enfans ; quand les rues de Paris étaient jonchées de ruines , de sang et de cadavres ; quand le sang des braves se mêlait dans l'ornière avec celui des parjures et des traîtres ; quand le peuple avait les armes à la main ; quand il pouvait tout , et que la fureur étincelait dans ses yeux ! « La nation seule est debout, » parée de ses couleurs nationales ; elle veut un gou— » vernement et des lois dignes d'elle. Quel peuple au » monde mérite mieux la liberté ? Dans le combat, vous » avez été des héros , la victoire a fait connaître en vous » ces sentimens de modération et d'honnêteté qui at- » testent à un si haut degré les progrès de notre ci- » vilisation. *Vainqueurs* et livrés à vous—mêmes , sans » police et sans magistrats , vos vertus ont tenu lieu » de toute organisation ; jamais les droits de chacun » n'ont été plus religieusement respectés. » (*Moniteur en juillet* 1830.)

Et vous voulez que ce même peuple qui , dans le feu du combat , a su respecter les droits de chacun, qui s'est montré humain , généreux , *dont les vertus ont tenu lieu de toute organisation* , alors qu'il a bien voulu, qu'il a daigné déposer les armes , alors qu'il a abandonné , mais non pas abdiqué son pouvoir, on veut, qu'oubliant ce qu'il se doit à lui-même, ce qu'il doit à sa patrie , ne puisse nommer ses représentans, sans porter le trouble dans la société , et voilà à l'aide de quels prétextes absurdes on lui refuse le vote uni- versel; on le repousse des élections et on le tient sous une honteuse tutelle. En sorte que celui qui a eu assez de pouvoir, de sagesse pour élire un roi-citoyen (selon vos dires), devient inepte pour élire ses mandataires, ses représentans ; enfin, celui qui peut plus, ne peut moins ; triste raisonnement.

Dites-nous donc plutôt, que c'est dans l'intérêt de votre parti anti-national, que vous éléminez des listes électorales le peuple, puisque vous voulez que toujours ses intérêts soient sacrifiés. Il est vrai que vous ne soignez pas mal les vôtres.

6e PRÉTEXTE.

C'est dresser les échafauds de 93.

Est-ce aux assemblées primaires qu'il faut attribuer les horreurs de la révolution? Autant vaudrait demander à la victime si elle est coupable des persécutions qu'elle endure. Non, ce n'est pas le *peuple* qui s'est souillé de tant de crimes. Non, ce n'est pas le peuple qui a fait dresser les échafauds ; non, ce n'est pas le peuple qui a souillé les autels, insulté à la religion, fait couler le sang de tous.

Une lutte terrible s'était engagée entre les divers ordres d'état ; lutte acharnée, combat à mort, dans lequel il fallait qu'un des combattans pérît ; lutte de l'humanité contre l'abus des pouvoirs ; lutte de l'esclave indigné contre le maître coupable. La victoire se décida pour la cause la plus sainte, pour la cause de l'opprimé, et l'aristocratie qui ne voulait pas se souvenir que tous nous étions frères, resta sur le champ de de bataille. A son tour elle reçut des fers ; mais elle ne pouvait, elle jadis si fière, sans blanchir d'écume, supporter le frein qui la retenait captive ; elle ne pouvait se soumettre au nivellement des castes, et ses tentatives incessantes, portant le trouble dans la société, entravaient la régénération de la France. De là la haine des partis et les prétextes peut-être légitimes des sans-culottes, pour dresser leurs échafauds.

On appela trop tôt le peuple à une liberté à laquelle il n'était pas préparé ; il fallait l'y amener peu à peu, pas à pas, presque à son insu, et non pas briser tout d'un coup la digue du torrent.

Quand on eut fait tomber ses chaînes, il fut étonné de sa force, de sa toute-puissance. Alors, se présenta à ses yeux, avec toutes ses horreurs, le tableau des infâmes excès dont il avait été la victime. Dans la surprise qui saisit tous les esprits, l'idée ne lui vint pas de protéger ses anciens tyrans, et il laissa commettre en son nom, des forfaits qu'on veut sans cesse lui reprocher et qu'il déplorera toujours.

Mais, il ne faut pas confondre les septembriseurs avec le peuple, avec la nation ; elle les renie, ces êtres dénaturés, ces monstres qui n'avaient d'humain que la figure ; elle maudit leurs crimes.

Car alors on lui avait ravi ses droits, et, le poignard

a la main, on arrêtait les foudres de son indignation et de sa légitime vengeance. Cependant, elle sut mettre un terme à ces horreurs, et préféra le joug du despotisme militaire, qu'elle devait bientôt briser, aux exécrables saturnales de ces démagogues sanguinaires.

En 1830, le peuple s'est montré tel qu'il est: Il pouvait relever les échafauds de 93, s'il avait été avide de sang ; mais il a été modéré, et, de lui-même, il s'est rangé sous l'autorité des magistrats qu'il voulut bien reconnaître. C'est cependant alors que le *lieutenant général du royaume*, admirait *l'ordre renaissant avec une merveilleuse promptitude.* Quand le peuple pouvait tout, il n'a commis aucun excès ; mais après une conduite si régulière, si juste, si magnanime ; après de telles garanties, vous venez nous parler des échafauds de 93. Sur mon honneur ! vous déraisonnez, si vous ne vous moquez de nous.

7e PRÉTEXTE.

C'est allumer la guerre civile avec toutes ses horreurs.

La guerre civile ! Vous croyez donc le peuple bien affamé de carnage, de troubles, de discorde ; mais qui l'empêche de lever dès aujourd'hui l'étendard de la révolte ? Croyez-vous l'intimider par vos armées ? N'appartiennent-elles pas à la grande famille à laquelle elles ont fait leur premier serment ; d'ailleurs, qu'entendez-vous par serment ? Vous avez vos troupes ; mais le peuple n'a-t-il pas les siennes ? Vous comptez cinq cent soixante mille soldats, commandés plus ou moins bien ; le peuple compte deux millions de gardes nationaux qui, certes, ne sont pas des Bédouins. S'il voulait la guerre civile, elle eût éclatée depuis long-temps. Ce n'est pas votre loi électorale qui l'a conjurée, c'est l'amour du peuple pour l'ordre, la paix. Il vous l'a prouvé dans plusieurs circonstances mémorables, depuis feu la révolution de juillet.

Lorsque les factions ennemies menaçaient votre pouvoir, qui a repoussé les rebelles ? C'est la garde nationale, c'est le dévouement et le courage de ces hommes que vous calomniez, c'est le peuple.

Le peuple est fatigué de ses divisions intestines, il se rangera du côté du gouvernement de fait, je vous l'ai déjà dit, il a toujours cherché le repos et la gloire du trône. Reconnaissant envers ses bienfaiteurs, inflexible pour ses ennemis, il a baigné de ses larmes les lambeaux des victimes de 93, et de tout temps poursuivi de ses exécrations les traîtres qui voulaient l'asservir.

Citerez-vous un seul exemple où le peuple ait imposé des conditions au trône pour voler à sa défense, où il ait exigé le moindre sacrifice, la moindre franchise pour lui prêter secours ? Je vous en défie. Vainement les rois de l'Europe se sont ligués contre la France ; Louis-le-Jeune, François Ier, Henri IV, Louis XIV, l'Empereur, que des imbéciles et des sots appellent Bonaparte, ont trouvé dans leurs cœurs assez de courage pour combattre les ennemis du *peuple,* quelque nombreux qu'ils fussent, et nos pères, assez de valeur et de dévouement, pour suivre *leurs étendards* sur le chemin de l'honneur et de la gloire. Ils étaient toujours prêts à s'ensevelir sous les ruines de la patrie, et préféraient la mort à la honte d'une lâcheté, à la honte d'être gouvernés par des traîtres. C'est par là qu'ils ont su faire respecter, de leur *temps,* l'honneur national, et conserver sans tache leur noble oriflamme.

Dites-moi, nobles aristocrates, qui vous a sauvés dans la tempête, quand l'Europe ravageait nos frontières, notre territoire? Qui a repoussé ses cohortes homicides et porté les torches vengeresses au sein des capitales terrifiées? Qui a forcé la victoire à s'attacher à nos nobles drapeaux? Qui a vaincu à Austerlitz? *Qui a trahi à Waterloo,* qui a vaincu à Marengo, *qui a trahi en se réfugiant à Gand?* Qui a vaincu à Iéna? Le peuple, toujours le peuple qui a vaincu, mais jamais trahi. Le peuple qui a vaincu et chargé l'ennnemi des chaînes préparées pour vous! Le peuple, dont le Colisé de Rome la Sainte, les Pyramides d'Égypte, les murs de Cadix, la rade de Navarin, les minarets d'Alger, les guerriers transmettront d'âge en âge, de race en race, jusqu'aux siècles les plus reculés, la bravoure, le dévouement et le patriotisme du *peuple.*

8ᵉ PRÉTEXTE.

*Il est juste de n'appeler aux élections que les proprié-
taires les plus intéressés au bien-être, à la gloire et au
repos de la patrie.*

Si les gouvernemens sont faits pour les hommes, et
non pas les hommes pour les gouvernemens ; si les
gouvernemens sont constitués pour les citoyens et non
pas pour les propriétés ; si les hommes égaux devant la
nature, qui les appelle à une même destinée, doivent
être égaux devant la loi, comme la charte le proclame,
il faut reconnaître que, quelle que soit leur fortune, les
intérêts de la patrie doivent leur être également chers,
et que leur patriotisme est indépendant de leur position
financière. Il y a plus ; l'exemple de tous les temps
nous montre davantage de dévouement dans celui des
pauvres que dans celui des riches. Il est, du reste, dans
la nature de l'homme, de s'attacher aux choses qui
font son bien-être, et de sacrifier tout à leur conservation.

Aussi, quand les puissances rivales ont traîné à la
remorque notre honneur flétri ; quand l'indignation
était dans les cœurs honnêtes ; quand le peuple impa-
tient demandait vengeance ; quand la nation entière
offrait ses enfans pour punir l'insolence ; quand le
pauvre, sous ses haillons, levait encore son front or-
gueilleux et menaçant ; quand les ennemis pâlissaient

en resserrant leurs rangs, au bruit de notre courroux, les riches ont lâchement demandé la paix ! Ils tremblaient tous ces gros propriétaires, ils tremblaient tous ces nobles de noms : ils tremblaient pour leur fortune, pour leur or qu'ils avaient déjà enfoui dans la terre ; ils tremblaient encore, les lâches, quand ils s'appuyaient sur les baïonnettes étrangères, ces baïonnettes teintes du sang de leurs frères.

Pour le riche, il n'est rien au-dessus de la fortune, pour le pauvre, il n'est rien au-dessus de la gloire et de la liberté, et, pour les défendre, il sacrifiera le peu de bien qu'il possède, et jusqu'à l'enfant chéri qui devait être le soutien de sa vieillesse.

Vous croyez, messieurs, que plus on possède de biens, plus on a de patriotisme dans l'âme, plus les sentimens sont élevés, plus ils sont humains ; et moi, je crois au contraire, que plus on est riche, moins on est susceptible de ces élans généreux qui embrasent le cœur de l'homme de l'amour sacré de la patrie ! L'avarice et son hideux cortége accompagnent toujours la richesse ; l'avarice qui endurcit le cœur de l'homme, le rend inaccessible à tous les sentimens même les plus sacrés : parens, amis, patrie, ne sont plus pour lui que de vains mots, dont parfois il fait encore parade, mais dont il ne comprend plus la portée ; son or, c'est sa vie, son or, c'est son bonheur, son or, c'est tout pour lui.

Mais, mon Dieu, j'en appelle à l'histoire. Consultons-la et jugeons après.

Depuis le commencement de la monarchie, nous ne trouvons pas un seul règne qui n'ait été troublé par les entreprises des grands et des riches. Tantôt les ducs de Bourgogne se disputent avec les d'Orléans la tutelle d'un roi malheureux, écrasent le peuple d'impôts, et couvrent la France de sang et de ruines ; tantôt les Guise et les d'Armagnac s'arment contre leur souverain ; tantôt les d'Orléans et les Montmorency luttent, les armes à la main, pour chasser un ministre auquel la *France* et le *peuple* ont dû leur plus grande prospérité. Quelquefois les grands livrent le royaume à l'étranger, se liguent contre leur souverain et leur patrie, et font assassiner les héritiers du trône. Le peuple se souilla-t-il jamais de semblables forfaits ? Plus la patrie est en danger, plus il se montre magnanime et dévoué ; plus le péril qui la menace est imminent, plus les grands deviennent durs, intraitables avec leurs intérêts.

Et quand le canon grondait dans Paris, quand le peuple soulevé, se précipitait sur les baïonnettes et affrontait la mitraille pour conquérir sa liberté, ses droits méconnus, où étaient-ils, ces hommes si intéressés au maintien de l'ordre, à l'honneur national ? Ils se cachaient dans des caves ; et ils n'ont osé présenter leurs pâles visages, qu'après le danger passé, au moment où il n'y avait plus qu'à recueillir le prix de notre sang !

Mais puisqu'il ne faut appeler aux élections que les grands propriétaires, pourquoi avez-vous baissé le cens jusqu'à 200 francs ? Pourquoi, au contraire, ne l'avez-vous pas élevé ? Vous avez été trop généreux, si vous avez voulu asseoir la société sur l'aristocratie de l'argent ; mais vous ne l'avez pas été assez, si vous avez voulu l'établir sur des fondemens de justice et d'équité.

Je me résume, messieurs : Vous avez reconnu en principe, que tout pouvoir émanait du peuple, et vous ne l'avez pas consulté quand vous êtes arrivés au pouvoir ; vous aviez promis la réforme électorale, et vous nous repoussez des élections par une loi immorale, non pas dans l'esprit qui l'a dictée, mais dans le but qu'elle atteint ; nous avions reconquis nos droits, vous nous les avez ravis ; nous avions aboli les priviléges, vous en avez créés de nouveaux. Les rois qui ne nous devaient rien, selon leurs dires, nous accordaient tout ; vous qui nous devez tout, nous refusez les choses les plus justes. Vos prétextes tombent d'eux-mêmes ; l'histoire du peuple prouve ses lumières et son discernement ; loin d'ouvrir la porte aux intrigans, vous la leur tenez fermée pour toujours en nous donnant la réforme électorale, les assemblées primaires, ce qui est juste, puisque le peuple seul peut et a le droit de poser les bases de sa constitution. Loin d'ébranler le trône, vous le consolideriez pour toujours ; loin d'allumer la guerre civile, vous feriez cesser nos désordres ; car ces mêmes hommes qui, en 1830, ont respecté les droits de chacun, les respecteront encore ; et, si à cette époque, ils n'ont ni relevé les échafauds de 93, ni troublé la société, pourquoi le feraient-ils lorsque vous leur restituerez ces droits ? Enfin, messieurs, les annales de tous les peuples **vous** montrent plus de patriotisme et de dévouement, dans le cœur du pauvre, que dans celui du riche propriétaire, plus attaché à la conservation de sa fortune qu'aux intérêts généraux de la société.

Tout cela, me direz-vous, nous le savions, on ne cesse de nous le répéter ; vous le saviez, vous êtes donc bien plus coupables, car vous ne pouvez trouver dans votre ignorance, une excuse pour votre usurpation.

Je termine ces réflexions que, probablement, vous ne lirez point. Il est temps encore, de rendre à l'homme, au peuple français, sa souveraineté, ses droits de détruire les priviléges que vous avez établis. Si vous ne le voulez point, méditez avec fruit ces paroles de M. Bernard :

« Nier un droit douteux, c'est exciter celui qui y prétend à le soutenir à tout prix ; nier un droit incontestable à celui qui peut s'appuyer sur une force matérielle, c'est provoquer cette force à conquérir ce qu'on lui refuse. »

(Monsieur Bernard à la Chambre des Députés, le 24 février 1851.)

Jules Dourin.